Inhalt

Supply Chain Collaboration (SCC)

Kernthesen

Beitrag

Fallbeispiele

Weiterführende Literatur

Impressum

Supply Chain Collaboration (SCC)

I.Zeilhofer-Ficker

Kernthesen

- Unter Supply Chain Collaboration versteht man die unternehmensübergreifende Zusammenarbeit zur Optimierung der Wertschöpfungskette.
- Mit SCC können Prozess- und Produktionskosten gesenkt, mehr Transparenz, kürzere Reaktionszeiten und eine höhere Verfügbarkeit erreicht werden.
- Gute 4PL- und LLP-Logistiker sind in der Lage, die Steuerung und Kontrolle der kompletten Supply Chain sowie die Kooperation mit Lieferpartnern als Komplettpaket im Outsourcing anzubieten.
- Durch die technischen Möglichkeiten des

Internets können auch kleine und mittlere Unternehmen in die Supply Chain Collaboration eingebunden werden.

Beitrag

Was versteht man unter Supply Chain Collaboration

Bereits seit zwei Jahrzehnten beschäftigen sich Firmen rund um den Globus mit dem Supply Chain Management. Zielsetzung des SCM ist, den optimalen Ablauf der Wertschöpfungskette vom Rohstoff bis zur Kundenbelieferung sicherzustellen. Grundlage für die Optimierung der Wertsteigerungsstufen, die ein Produkt vom Rohmaterial bis zum Endkunden durchläuft, sind das effektive und effiziente Zusammenspiel von Beschaffung, Produktion und Logistik. Dazu muss die Informationstechnologie den reibungslosen Datenaustausch und Informationsfluss aller an der Wertschöpfungskette Beteiligten ermöglichen und gewährleisten.

Die meisten Unternehmen sind aber noch weit von optimalen Supply Chain Prozessen entfernt, die möglichen Einsparpotenziale liegen noch immer im zweistelligen Prozentbereich. (1) Eine durchgängige Verbesserung der Wertschöpfungsprozesse ist aber nur möglich, wenn der Informations- und Datenfluss nicht an den Unternehmensgrenzen Halt macht. Die unternehmensübergreifende Zusammenarbeit zur Optimierung der Wertschöpfungskette nennt man Supply Chain Collaboration (SCC). (2)

Was will man mit Supply Chain Collaboration erreichen

Wenn man nach Gründen für die unternehmensübergreifende Zusammenarbeit fragt, wird als Erstes fast immer die Reduzierung von Prozess- und Produktionskosten genannt. Da Logistikkosten je nach Produkt und Branche zwischen 10 und 25 % der Gesamtkosten betragen, lässt sich ermessen, welche Einsparpotenziale hier versteckt liegen können. (15) Als weitere Vorteile kommen mehr Transparenz in die Logistikkette, kürzere Reaktionszeiten und höhere Verfügbarkeit hinzu - alles schlagkräftige Argumente, um sich im internationalen Wettbewerb zu behaupten. In der heutigen, global agierenden Wirtschaft ist vor allem der Faktor Zeit zum Differenzierungsinstrument geworden. Die Möglichkeit zur schnellen Reaktion auf Veränderungen wird in der Zukunft aber noch wesentlich an Bedeutung gewinnen. (5)

Eine schnelle Reaktionsfähigkeit ist nur möglich, wenn relevante Daten und Informationen an der richtigen Stelle zur richtigen Zeit verfügbar sind. Tatsache ist, dass Lagerbestände hochgefahren werden, wenn Informationen über Rohstofflieferungen, Kapazitäten bei Outsourcing-Partnern oder zu erwartende Kundenaufträge fehlen oder zu ungenau sind. Fakt ist auch, dass Bestände Geld kosten und Kapital binden. Gerade in wirtschaftlich schwierigen Zeiten kann es sich kaum mehr ein Unternehmen leisten, Lagerbestände anzuhäufen und auf Aufträge für bereits gefertigte Produkte zu warten. (2)

Eine Vernetzung mit Lieferanten, Logistikpartnern, Sub-Unternehmern und Kunden wird für Produktionsbetriebe in der Zukunft zum Überlebensfaktor werden. Nur wenn in Echtzeit Informationen über beispielsweise veränderte Rohstoff-Liefertermine oder Kundenaufträge vorliegen, kann im Produktionsbereich früh genug reagiert werden, um teure Produktionsstillstände oder unzufriedene Kunden zu verhindern. (4) Sind alle Partner der Supply Chain miteinander datentechnisch vernetzt, können Produktionspläne auf Liefertermine der Zulieferfirmen, die vorhandenen

Kapazitäten und geänderte Kundenanforderungen abgestimmt und optimiert werden. Die daraus resultierenden exakten Liefertermine wiederum stehen dem Kunden ebenso in Echtzeit zur Verfügung und können zur Verbesserung seiner Lieferketten beitragen. (5)

Voraussetzungen der Supply Chain Collaboration

Die soziologische und organisatorische Basis schaffen

Viele verbinden mit dem Begriff "Collaboration" als erstes die technologische Vernetzung. Mindestens ebenso wichtig sind aber soziologische und organisatorische Aspekte für die erfolgreiche Zusammenarbeit über Unternehmensgrenzen hinweg. Dieser Fakt wird von den Unternehmens-Managern oft unterschätzt und Investitionen in entsprechende IT verlaufen eventuell im Sande. (1), (6)

Kooperation ist nur möglich, wenn ein Unternehmen bereit ist, sich zu öffnen und alle relevanten Daten und Informationen den externen Partnern zur

Verfügung zu stellen. Das dazu nötige Vertrauensverhältnis existiert aber häufig nur zwischen Firmen, die auf eine langjährige, stabile Partnerschaft zurückblicken können. Beide Partner müssen überzeugt sein, dass sich durch die Zusammenarbeit Vorteile für beide ergeben und die dadurch erzielten Einsparungen fair und angemessen aufgeteilt werden. (1)

Eine vertrauensvolle Zusammenarbeit auf Personenebene ist für den Erfolg von SCC mindestens ebenso bedeutungsvoll wie eine funktionierende Technik. Damit sich keiner der Partner übervorteilt fühlt, müssen Wege gefunden werden, die erzielten Verbesserungen wertmäßig zu erfassen und die daraus resultierenden Kostenvorteile gerecht aufzuteilen. (8)

Bevor man aber an die Realisierung von SCC gehen kann, müssen die unternehmensinternen Prozesse auf den Prüfstand; die gesamte Organisation muss auf ihren "Collaboration-Fit" abgecheckt werden. Im Rahmen dieser Überprüfung sollte ebenfalls evaluiert werden, ob nicht Aufgaben, die nicht zu den Kernkompetenzen des Betriebes gehören, kostengünstiger von externen Dienstleistern erbracht werden können. (15)

Technologische Voraussetzungen

Natürlich fällt den geeigneten Informations- und Kommunikationssystemen für die SCC eine Schlüsselrolle zu. Eine effektive Integration aller Supply-Chain-Partner braucht geeignete Tools für den Datenaustausch und die Kommunikation von System zu System. Weltweit etablierte Standards wie XML oder EDI bieten dafür die Grundlage. Der Datenaustausch über Internet-basierte Marktplätze, Kommunikationsplattformen oder ASP-Provider ermöglicht es auch kleineren Firmen, ohne gewaltige Investitionen in aufwändige IT-Systeme an den Vorteilen der SCC teilzuhaben. (1), (4), (16)

Stolpersteine auf den Weg zu durchgängigen, transparenten Prozessen entlang der Wertschöpfungskette ist immer noch die fehlende Daten-Standardisierung. Denn auch für den Datenaustausch - beispielsweise über einen Marktplatz - müssen zur eindeutigen Identifizierung eines Produktes die Stammdaten harmonisiert und vereinheitlicht sein. Die gestiegene Nachfrage, auch und gerade des Mittelstands, nach PDM- (Product Data Management) und PLM- (Product Lifecycle Management) Tools zeigt, dass das Problem allgemein erkannt wurde und nach Lösungsmöglichkeiten gesucht wird. (9), (10)

Zwischen Kooperationspartnern muss ein Weg gefunden werden, die Wertschöpfungsprozesse durch eine einheitliche "Sprache" kompatibel zu machen. Ein Beispiel für ein Referenzmodell ist das Supply Chain Operations Reference Model (Scor), das für die Beschreibung, Bewertung und Evaluation von Prozessen unterschiedlicher Supply-Chain-Konfigurationen verwendet werden kann. (1)

Ein weiteres Problem ist die zufrieden stellende Lösung von Vergabe und Kontrolle der Zugriffsrechte. Schließlich soll nicht jeder wahllos Einblick in oft vertrauliche Firmendaten erhalten können. (9)

Outsourcing des SCM

Waren früher die Spediteure hauptsächlich für den Transport und eventuell die Lagerung von Gütern zuständig, so bieten mittlerweile zwei Drittel aller Speditionsunternehmen zusätzliche logistische Dienstleistungen an. (11) Da mehr und mehr Unternehmen dazu übergehen, die gesamte Logistik aus den Kernkompetenzen auszulagern, wird den komplexen Logistikleistungen ein Wachstumspotenzial von bis zu 20 Prozent zugesprochen. Da der Outsourcing-Anteil von

Logistik-Dienstleistungen in Deutschland erst ca. 30 Prozent beträgt, in der Automobilindustrie jedoch schon bei 44 Prozent bzw. in der Konsumgüterindustrie gar bei 50 Prozent liegt, kann davon ausgegangen werden, dass künftig eine steigende Anzahl von Unternehmen die externen Angebote von Logistik-Zusatzleistungen nutzen und einsetzen werden. (12), (13)

Vor allem 4PL- (Fourth Party Logistics Provider) und LLP- (Lead Logistics Provider) Anbieter haben sich auf die Steuerung und das Management der Supply Chain ihrer Kunden spezialisiert. Vorteile des Outsourcing des Lieferketten-Managements sind neben der entsprechenden Vernetzbarkeit der IT-Systeme das ausgeprägte Prozess-Know-how der Dienstleister. (12) Durch das Outsourcing des SCM werden Investitionen vermieden, die nicht zu den Kernkompetenzen des Unternehmens gehören und die Logistik- und IT-Fachkenntnisse des Dienstleisters zur Optimierung der Wertschöpfungskette genutzt. (13)

Fallbeispiele

Die BearingPointGmbH führte kürzlich im Auftrag der Bundesvereinigung Logistik (BVL) eine Untersuchung über die Umsetzung von Supply Chain Collaboration in der Praxis durch. Aus den Schlüsselindustrien Automotive, Hightech und Konsumgüter/Handel wurden die Ergebnisse von namhaften europäischen Unternehmen wie beispielsweise DaimlerChrysler, Bosch, Audi, Hewlett Packard, IBM, SAP, Metro, Karstadt und Esprit zusammengetragen und analysiert. (7)

Die beteiligten Firmen waren sich bei der Veröffentlichung erster Ergebnisse am 27.3.03 in Berlin einig, dass durch Supply Chain Collaboration geringere Fertigungskosten, kürzere Reaktionszeiten und ein höherer Verfügbarkeitsgrad erreicht werden können. (17)

Weiterführende Literatur

(1) Lindemann, Marcus / Junginger, Stefan, Produktionsnahe IT/Wertschöpfungskette logistisch integrieren - Kooperationsfähigkeit wird groß geschrieben, Computerwoche Nr. 08 vom 21.02.2003, S. 42
aus Frankfurter Allgemeine Zeitung, 27.12.2002, Nr. 300, S. 14

(2) Die Krise erweist sich als Türöffner für Logistiker

aus Lebensmittel Zeitung 09 vom 28.02.2003 Seite 050

(3) Kümmerlen, Robert, Vertrauen ist gut, Kollaboration noch besser - Neue Studie der BVL beschreibt die unternehmensübergreifende Zusammenarbeit, DVZ, Nr. 041, 05.04.2003
aus Lebensmittel Zeitung 09 vom 28.02.2003 Seite 050

(4) Wenn nicht mehr alle an einem Strang ziehen Die Wertschöpfungskette zerfällt in ihre Glieder. Drei Bücher schlüsseln das komplexe Geflecht von Lieferanten und Kunden auf
aus FTD Financial Times Deutschland vom 14.01.2003, Seite 28

(5) Visintin, Gabi, CeBIT-Trends/Analysten propagieren das Echtzeit-Unternehmen - Agieren in der Jetzt-Wirtschaft, Computerwoche, 14.03.2003, Nr. 11, S. 60 - 61
aus FTD Financial Times Deutschland vom 14.01.2003, Seite 28

(6) Technik allein bringt keinen Fortschritt Chefs missverstehen den Sinn von Supply Chain Management
aus FTD Financial Times Deutschland vom 04.02.2003, Seite 33

(7) Die Studie, DVZ, Nr. 041, 05.04.2003
aus FTD Financial Times Deutschland vom 04.02.2003, Seite 33

(8) Kuemmerlen, Robert, Sicherheitsbestände müssen nicht sein - Wissensmanagement macht fit für die Supply Chain, DVZ, Nr. 025, 27.02.2003
aus FTD Financial Times Deutschland vom 04.02.2003, Seite 33

(9) Erfahrungen von Audi, Siemens, Daimler-Chrysler, BMW und BASF - E-Business ist in den Konzernen Alltag, Computerwoche Nr. 06 vom 07.02.2003, S. 30 - 31
aus FTD Financial Times Deutschland vom 04.02.2003, Seite 33

(10) Studie der Aberdeen Group - Mittelstand sorgt für Nachfrage nach PLM, Computerwoche Nr. 07 vom 14.02.2003, S. 26
aus FTD Financial Times Deutschland vom 04.02.2003, Seite 33

(11) Tracking und Tracing - Neue Aufgaben: Spediteure werden zu Logistikern, Stuttgarter Zeitung, 04.02.2003, S. 39
aus FTD Financial Times Deutschland vom 04.02.2003, Seite 33

(12) Emmermann, Marco Dr. / Zadek, Hartmut Dr. / Kieffer, Daniel, Wem passt welche Jacke? 3PL, 4PL, LLP: Manche mögen den Kopf schütteln über die leidenschaftliche Diskussion der Logistikdienstleister, was sie nun eigentlich sind, DVZ, Nr. 221, 18.02.2003
aus FTD Financial Times Deutschland vom 04.02.2003,

Seite 33

(13) Baumgarten, Helmut Prof. / Darkow, Inga-Lena Dr., Dienstleister sind bei der Sicherung einer hohen logistischen Qualität wesentliche Partner in der Supply Chain, DVZ, Nr. 221, 18.02.2003
aus FTD Financial Times Deutschland vom 04.02.2003, Seite 33

(14) Klotz, Heinrich, Grosse Konzepte und kleine Hakler - Wer Logistik unternehmensübergreifend organisieren will, darf die kleinen praktischen Schritte nicht übersehen, DVZ, Nr. 014, 01.02.2003
aus FTD Financial Times Deutschland vom 04.02.2003, Seite 33

(15) Arbeitsorganisation und Zeitmanagement in Wertschöpfungspartnerschaften — ein Organisations- und Prozessmodell für das Supply Chain Management
aus FB/IE, Nr. 1, 2003, S. 14-21

(16) Enterprise Application Integration (EAI) und Web Services - Fragiles Integrationspuzzle
aus is report, Heft 4/2003, S. 12-21

(17) Kunst der Zusammenarbeit - BVL-Studie zur Supply Chain Collaboration, DVZ, nr. 38, 29.03.2003
aus is report, Heft 4/2003, S. 12-21

Impressum

Supply Chain Collaboration (SCC)

Bibliografische Information der deutschen Nationalbibliothek

Die Deutsche Nationalbibliothek verzeichnet diese Publikation in der deutschen Nationalbibliografie; detaillierte bibliografische Daten sind im Internet über http://dnb.d-nb.de abrufbar.

ISBN: 978-3-7379-0848-1

© 2015 GBI-Genios Deutsche Wirtschaftsdatenbank GmbH, Freischützstraße 96, 81927 München, www.genios.de

Alle Rechte vorbehalten. Dieses Werk ist einschließlich aller seiner Teile – z.B. Texte, Tabellen und Grafiken - urheberrechtlich geschützt. Jede Verwertung außerhalb der Grenzen des Urheberrechtsgesetzes bedarf der vorherigen Zustimmung des Verlags. Dies gilt insbesondere auch für auszugsweise Nachdrucke, fotomechanische Vervielfältigungen (Fotokopie/Mikroskopie), Übersetzungen, Auswertungen durch Datenbanken oder ähnliche Einrichtungen und die Einspeicherung und Verarbeitung in elektronischen Systemen.